AU PROFIT
DES SALLES D'ASILE DU TRÉPORT ET D'EU.

GUIDE

DES

BAIGNEURS

DU TRÉPORT

PAR M. CRETON.

DIEPPE
ÉMILE DELEVOYE, IMPRIMEUR.

1864.

AU PROFIT DES SALLES D'ASILE

DU TRÉPORT ET D'EU.

GUIDE

DES

BAIGNEURS

DU TRÉPORT

PAR M. CRETON.

DIEPPE

ÉMILE DELEVOYE, IMPRIMEUR, RUE DES TRIBUNAUX.

1861.

GUIDE

DES BAIGNEURS DU TRÉPORT.

Charmantes étrangères, qui venez tous les ans animer cette contrée paisible et la plage déserte; donner dans notre pays l'impulsion aux jolies modes, aux gracieuses manières, au langage brillant et accentué, propre des femmes aimables, spirituelles; et aussi, comme les Trouvères d'autrefois ou les pèlerins d'un autre âge, initier aux beaux-arts, aux véritables talents; c'est particulièrement à vous que cet opuscule est destiné, le produit devant servir à faire un acte de bienfaisance. Pour une œuvre semblable, il n'est pas utile d'adresser une prière aux dames françaises; il suffit de la leur indiquer.

. . . .
. . . .

Les Bains du Tréport sont confortables, mais sans luxe ; cependant un grand nombre de personnes de distinction, de mœurs honnêtes et calmes, viennent les visiter. On habite cette rive pour raffermir sa santé, accorder aux enfants une douce distraction lors des vacances, goûter la vie de famille, le repos et le bonheur de la villégiature : c'est leur spécialité.

Cette plage est belle, saine, et l'une des plus sûres du littoral de la Manche.

La prospérité de cet Établissement est évidente.

Le nombre moyen des bains depuis 1855, l'année dernière non comprise, s'est élevé par saison à 22,945.

En 1860, malgré les pluies continuelles, le chiffre a atteint 13,959.

M. Papin, maire, agissant au nom de la ville, est chargé de la direction, et s'en acquitte avec la plus grande sollicitude et une bienveillance incessante.

Le service médical est confié au docteur Lemarchand, dont le savoir est justement apprécié par une nombreuse clientèle.

Ce Guide a pour but d'enseigner aux baigneurs

l'emploi du temps pour les jours sereins et pour ceux d'intempérie ; et, en outre, d'offrir aux étrangers quelques conseils qu'une longue habitation près de la mer et la connaissance de la localité nous permettent de donner.

Quant aux faits historiques, ce ne sera que de simples notices sommaires.

PROMENADES ET OCCUPATIONS

QUAND LE TEMPS EST BEAU.

SIGNES ORDINAIRES DE BEAU TEMPS.

Depuis quelques années, sur les côtes, les indices météréologiques sont incertains ; mais si le soleil, à son couchant, avant de se plonger dans l'onde, est brillant sans être enveloppé de brouillards ; si même, entouré de nuages (le banc), il parvient à les percer en jetant de vives nébulosités pourpres qui se dirigent vers le levant, c'est un pronostic favorable.

Quand la mer vers le nord bruit le soir (brasse), les mouettes et les hirondelles voltigent dans les airs, la vague est douce et murmure en expirant avec langueur sur le sable, on peut former des projets pour le lendemain et espérer une bonne température.

LES FALAISES ET LA JETÉE.

En accédant sur les falaises, à gauche on rencontre jusqu'à Mesnival des pelouses d'une herbe fine et très-agréable pour se reposer. De cette hauteur, la vue est étendue, des croquis peuvent être pris, soit vers la plaine, soit vers la mer : la mer, cette enchanteresse qui varie à chaque instant de nuances, d'aspect et de beauté.

« On doit éviter d'approcher trop près des fa-
« laises ; souvent elles sont minées au-dessous
« et pourraient céder sous les pieds. »

Le soir, par un beau clair de lune, sur la jetée, contemplez la mer, vous apercevrez le phare d'Ailly vers l'ouest et celui de Cayeux vers le nord ; regardez aussi le Tréport, la pénombre de la montagne, l'église s'élevant au ciel, les bateaux restés au port ; l'ensemble est d'un effet admirable.

PARC DU CHATEAU D'EU.

En entrant à gauche se trouve un petit monticule sur lequel est placée une table de pierre

portant une inscription, annonçant que là les Guises tenaient leurs conseils. En effet, ceci est historique et s'accorde avec la tradition du pays. Ce lieu avait été choisi par les ducs ligueurs pour être isolés, et afin que leurs secrets ne fussent pas surpris. Un chien de haute taille leur servait de messager et remettait les ordres à leurs lieutenants. Sur ce tertre, sans doute, des pensées bien ambitieuses ont pris naissance et ont causé des actions bien coupables. Combien devaient être imposantes et parfois sinistres les figures de ces chefs de la ligue, à la barbe longue et épaisse, sous l'ombrage de ces hêtres qui sont vraiment encore ceux qui les abritaient alors.

En avançant, la promenade se divise en trois parties : l'allée principale se présente d'abord à la vue ; à gauche, l'avenue de marronniers ; et avant de gravir, en descendant sur la droite, un chemin conduit sur les bords de la rivière de Bresle et du canal.

La première, entourée de vieux arbres plantés par Mlle de Montpensier, est charmante. Ces arbres, en partie dénudés à la cime, cèdent au temps et aux orages. La nature dissimule leur âge en les décorant de gracieuses touffes de lierres s'agitant au moindre souffle du vent. A l'extrémité, en face du spectateur, la mer forme le fond de l'horizon. Le couchant du soleil se reflétant sur les bateaux pêcheurs, le Tréport et son église, Mers et sa chapelle, les coteaux d'alentour présentent un magnifique et pittoresque panorama.

La seconde semble destinée aux personnes méditatives, ou voulant se livrer quelques instants à des réflexions utiles, à leurs affaires ou à leurs études.

La troisième, de création moderne, est plus ouverte, plus gaie et faite avec plus d'art. Des groupes d'arbustes, des bosquets, des pièces d'eau, l'embellissent et flattent les yeux.

« Il est prudent de ne pas laisser pénétrer les
« enfants dans les massifs du parc, afin d'éviter
« la rencontre de vilains reptiles, qui sont ce-
« pendant rares et en très-petit nombre, le cli-
« mat ne leur étant pas favorable. »

FORÊT D'EU.

Cette forêt est très-ancienne et date des premiers ducs normands. Dans plusieurs fractions on aperçoit de très-beaux points de vue : Sainte-Catherine, le Mont-d'Orléans. On peut aussi se reposer pour déjeûner ou goûter au Siége-Madame ou au Rond-Victoire.

En laissant ce dernier lieu et suivant la route d'Aumale, on se rend à la verrerie de la Grande-Vallée. Le propriétaire accorde avec bonne grâce de la parcourir ; on y vend divers objets de cette fabrication. Des *souris* sont de charmants jouets d'enfants et peu chers. Faites-vous indiquer la manière de s'en servir. — De jolies fleurs croissent dans ces bois. On accède au Siége-Madame par Beaumont ou Saint-Pierre-en-Val ; au Mont-d'Orléans par Incheville ; au Rond, Victoire et à la Grande-Vallée, par Mesnil-Réaume et Melleville.

Les hommes peuvent fort bien aller à pied à la forêt par Saint-Pierre-en-Val.

« Même observation pour les reptiles, seule-
« ment pour les jeunes taillis ; aucun danger
« n'existe pour la haute-futaie. »

VALLÉE D'YÈRES.

Il faut suivre la route du Tréport à Dieppe jusqu'à Criel, et, arrivé à l'église de ce bourg, en tournant à gauche, se présente la route allant à Foucarmont. Cette vallée est étroite, mais fraîche et riante; ses coteaux sont couverts de bois épais; on voit plusieurs villages et hameaux historiques. Saint-Martin-le-Gaillard possède une jolie église, la métropole de la vallée (1), rebâtie à la place de celle où deux cents Anglais furent brûlés par les troupes françaises. C'est le lieu de la naissance de Jean de Béthencourt; il en partit en 1417 pour aller découvrir les îles Canaries. Cuverville où tant de villages, accablés par les pestes du moyen-âge, viennent en pélerinage invoquer tous les ans, au 1er mai, Notre-Dame, contre le retour de ce fléau. Villy, dont l'église date au moins du VIe siècle, et peut-être dès l'origine du Christianisme; on remarquait il y a peu de temps, avant qu'elles fussent effacées, des peintures murales mythologiques.

(1) L'abbé Cochet.

CAYEUX.

Il y a cinquante ans, deux proverbes de la localité peignaient la plage déserte et inculte de cette ancienne bourgade ; d'abord : « Il est défendu d'attacher un cheval ou un âne aux haies (par suite de l'absence de végétation) ; » et aussi : « Qui n'a pas vu Cayeux et Paris ne connaît ni le plus beau ni le plus laid. »

Autrefois, cette commune était d'un aspect beaucoup plus triste et plus sauvage. Il n'existait aucune rue pour la traverser ; les maisons étaient jetées au hasard dans la plaine. Les habitants pratiquaient deux entrées à leurs demeures. Quand le vent avait accumulé trop de sable d'un côté, ils sortaient de l'autre. Ce pays aujourd'hui est encore curieux. En parcourant les rues adjacentes à la principale, on voit encore l'ancien Cayeux ; marcher sur un sol mouvant est difficile. Il est surprenant que des êtres humains aient voulu s'y fixer. La pêche seule originairement a pu créer une population. Quelques bateaux pêcheurs viennent déposer leur poisson ; quand la côte n'est pas accessible, ils se réfugient au Hourdel, conquis sur la mer, un peu éloigné, mais méritant d'être visité. Les réformés ont habité cette plage et y ont construit l'église peu remarquable. Un chemin longeant le rivage conduit directement au phare. L'ascension exige de bonnes jambes ; mais le paysage, vu du haut de cette pyramide, doit être conservé dans le souvenir.

A Cayeux commencent à disparaître les galets provenant des cailloux arrachés par la mer aux falaises environnant les caps de la Hève et d'Antifer, réduits en poussière par le roulement des vagues. Le sable encombre la plage, s'envole vers la plaine, les jours de mauvais temps, et forme ces terribles bancs, écueils pour beaucoup de navires et le tombeau d'un grand nombre de marins.

Cette rive a toujours été hospitalière et le naufrage n'a jamais été provoqué par des ruses ou des piéges, comme jadis dans la Bretagne.

Peut-être au milieu des nuits d'hiver, sombres et noires, des ombres exhalant une plainte touchante, traînent sur les flots des vêtements de deuil et indiquent parfois aux nautonniers, quand rugit la tourmente, un écueil, des tombeaux engloutis sous des monticules de sable, imitant au loin des dolmins druidiques.

BOIS DE CIZE.

On arrive à ce bois historique par la route de Mers à Eu, en gravissant la route de Saint-Valery. Peu après la montée de la côte se présente un cabaret appelé le *Temps perdu*, et à gauche un chemin conduit à ce bois. L'ombrage est agréable ; un déjeûner ou une collation peut y être faite. Au fond du vallon, la falaise subit une grande dépression. Sous le Consulat, lors d'une tentative de rétablissement des Bourbons, les émissaires de Georges Cadoudal, Moreau et Pichegru, débarquèrent en cet endroit et se tinrent cachés dans les environs. Ce fait coûta la vie à plusieurs individus convaincus de les avoir favorisés. Un des partisans, attaché à une corde qui se rompit, tomba de toute la hauteur de la gorge à mer basse, sans éprouver aucune blessure. En traversant Mers, et en suivant la côte, les hommes peuvent faire cette promenade à pied.

BOURG D'AULT.

Ce pays était une ville du moyen-âge qui fut détruite en partie par la mer. Plusieurs rues et une église ont été entraînées par cet élément. Chaque jour ses ravages continuent. Elle possédait autrefois cent bateaux de pêche. En se plaçant sur la montagne vers Cayeux, on jouit d'un panorama très-étendu. L'ensemble de ce bourg est très-pittoresque.

ROUTE DE GAMACHES ET RETOUR PAR INCHEVILLE.

En prenant la route de Gamaches, on longe la vallée de la Bresle. La prairie, la rivière et la forêt d'Eu au loin, présentent une promenade jolie et variée. A Beauchamps on traverse la vallée jusqu'à Incheville pour revenir à Eu. Si on veut prolonger la course on passe par Longroy en traversant Gamaches. Le portail de l'église de ce dernier lieu doit être remarqué.

LEVER DU SOLEIL.

A l'extérieur du bois du parc, sur le coteau, à quelques pas de la ferme de Granges, en face, on voit le lever du soleil arrivant derrière la montagne opposée. La mer, le Tréport, la ville d'Eu, Mers, le parc, la prairie chargée de bestiaux, forment un paysage pouvant inspirer un peintre pour une belle œuvre.

SAINT-VALERY-SUR-SOMME.

Cette ville, jadis fortifiée, est très-ancienne et historique. Elle fut placée sous le vocable de saint Valery, mort le 12 décembre 622, jouissant d'une grande renommée. Une chapelle lui est dédiée : rien, sous le rapport des arts, ne la distingue. Jusque-là les familles conduisent du cœur et des yeux les marins qui partent pour les voyages de long-cours. Le nombre des *ex-voto* déposés dans ce lieu, soit pour remercier Dieu d'avoir échappé au naufrage ou l'implorer d'éviter le danger, présente un spectacle touchant ; les détails et les circonstances du naufrage impressionnent vivement.

Une curieuse et naïve légende en vers est placée dans cette chapelle, au bas d'un tableau sans valeur, de 1639, représentant Hugues-le-

Grand passant la mer avec les reliques de saint Valery :

> Voiez Hugues Legrand, conducteur d'une armée
> Pour déranger ces os de la foudre de Mars :
> Qui ne s'étonnerait, la mer inanimée
> Leur fait la révérence et se fend en deux parts.

L'aspect général de cette ville intéresse, la baie de Somme fort étendue, le Crotoy sur l'autre rive, la porte Guillaume et la tour d'Harold.

Ce fut dans ce pays que Guillaume-le-Conquérant s'embarqua, dans l'année 1066, pour aller s'emparer de l'Angleterre. Sur le port se trouve une inscription indiquant ce fait, un des principaux de l'histoire.

Avant de prendre la mer, Guillaume fit exposer les reliques de saint Valery sur un drap d'or, au milieu de son camp, et l'armée l'invoqua pour obtenir la victoire.

CHAPELLE SAINT-LAURENT.

Elle est aperçue partout, et même du Tréport, en dirigeant les yeux vers la montagne qui domine Eu. On y accède à pied par Mers, en allant jusqu'au carrefour des routes d'Abbeville, Paris et autres; et arrivé là on prend un chemin derrière le café dit le *Dernier Sou*, qui conduit à la chapelle en gravissant le coteau.

Près de la porte se trouve une croix de grès du xiie siècle, indiquant la place où s'arrêta saint Laurent, archevêque de Dublin, qui venait à Eu pour implorer Henri II, roi d'Angleterre, de se réconcilier avec un prince irlandais. De cette montagne, en voyant l'église et l'abbaye, il s'écria : C'est ici le lieu de mon repos à jamais. En effet, il décéda en cette ville le 14 novembre 1181.

Dans cette contrée, chaque année existe un pèlerinage à cette chapelle, avec beaucoup de ferveur. Il est attribué à ce saint un grand nombre de guérisons, de miracles, et la résurrection de sept morts.

De ce lieu il est découvert l'une des plus belles vues des environs ; la ville d'Eu, grand nombre de villages et de hameaux, le Tréport, et toujours cette mer animant si bien tous les sites. Parfois une gerbe d'eau magnifique s'élance dans les airs ; ce sont les vagues qui viennent se heurter contre la jetée et refléter les prismes du soleil. Du côté opposé, sur la gauche, les yeux suivent toute la vallée de la Bresle jusqu'à une distance fort éloignée; la végétation luxuriante de la prairie, des bois, et les sinuosités de la rivière, forment un ravissant panorama.

Depuis le repos de saint Laurent sur cette montagne, que de transformations se sont opérées : ces villes, ces villages et hameaux assis sur d'autres ; ces générations qui circulaient selon leurs goûts et leurs besoins d'alors ; la nature du pays changée elle-même d'aspect, et les méandres de la Bresle ayant creusé divers lits qu'elle a délaissés avec une capricieuse inconstance..... Mais il faut arrêter ces méditations : notre pensée n'est qu'une goutte de brouillard, et celle de Dieu est bien plus incommensurable que l'Océan qui s'agite au lointain.

CHATEAU DE RAMBURES.

Ce château-fort est situé à 6 kilomètres de Blangy ; il est d'un caractère féodal, parfaitement conservé et pur de tout vandalisme. Ses oubliettes existent encore. Sous le rapport historique il est très-curieux, et il serait fâcheux de ne pas le visiter.

CHASSE.

Il n'est pas facile de se livrer à cet exercice en étant aux Bains, à l'entour du Tréport et de la ville d'Eu : le territoire, en grande partie, est conservé. Ce n'est qu'en se créant des relations avec quelques chasseurs de la localité qu'on pourrait acquérir la liberté de parcourir la plaine.

En Picardie, à peu près au centre du canton d'Ault, les propriétés étant entièrement morcelées, il y a moins de réserves.

Dans le courant du mois de septembre, on pourrait, dans les prairies de Bouvaincourt et de Beauchamps, près la route de Gamaches, chasser la bécassine, mais en se faisant accompagner d'un guide, ces marais contenant quelques fondrières.

Les prairies du Tréport sont trop occupées à cette époque par des bestiaux, qui seraient effrayés des coups de fusil.

OCCUPATIONS

POUR LE MAUVAIS TEMPS.

PRONOSTICS ORDINAIRES DU MAUVAIS TEMPS.

Si le soleil ne perce pas à son couchant les nuages qui le couvrent (le banc), quand la mer bruit vers l'ouest (brasse), la falaise, du même côté, est obscurcie par un brouillard épais, les vagues sont phosphorescentes le soir et se brisent brusquement, les étoiles filent, la mousse voltige, le vent est au sud ou à l'ouest très-fort : on doit craindre pour le lendemain une journée désagréable.

L'ÉGLISE DU TRÉPORT.

Ce monument est beau, se dessine admirablement par sa position élevée sur la montagne.

Son intérieur est remarquable, surtout dans ses détails. Les culs-de-lampe et divers ornements, le portail, ses attributs maritimes, méritent d'être observés avec attention (1).

PÊCHE DANS LES ROCHES.

Si la pluie cesse par intervalles, à la marée basse, en se rassemblant à plusieurs personnes, avec de mauvaises chaussures de cuir ou en lisière, pour ne point en sacrifier de bonnes et ne point glisser, on s'arme d'un bâton ayant un peu de résistance, long d'un mètre et demi, pour soulever les petites roches. Souvent paraissent des myriades de petits poissons charmants à voir nager; des salicoques, espèce de crevettes plus recherchées; des crâbes communs, ceux nommés *avares* excellents. Ces crustacés pincent un peu en les attrapant; mais le moyen d'éviter qu'ils vous serrent, c'est de les prendre hardiment à pleines mains pour leur ôter tous mou-

(1) Voir la brochure de M. Désiré Lebeuf, antiquaire distingué de ce pays, mort avant l'âge, et celle publiée récemment par l'éminent inspecteur des monuments historiques, l'abbé Cochet.

vements. Les moules et les vignots sont en abondance sur les gros rochers. On jette le tout dans un panier ou un bissac.

« Il faut avoir bien soin de ne pas s'attarder, « devancer la mer, et revenir aussitôt qu'elle « s'approche. »

INTÉRIEUR DU CHATEAU D'EU.

En outre qu'il fut habité par les ducs de Guise, ligueurs, il présente encore quelques souvenirs importants. Mlle de Montpensier accomplit dans ce domaine une partie de l'exil que lui imposa Louis XIV, après avoir fait tirer le canon de la Bastille sur les troupes, le 2 juillet 1652. Une portion du vieux parc a été créée par elle, pour se distraire peut-être de ses ennuis et de ses chagrins de cœur, causés par M. de Lauzun, devenu secrètement son mari. Elle le marqua de ses ongles, et il traversa sur les genoux une galerie de ce château d'un bout à l'autre pour obtenir le pardon de ses infidélités (1). La reine d'Angleterre séjourna dans ce palais, en septembre 1843, où résidait alors le roi Louis-Philippe et sa famille.

(1) Désiré Lebeuf.

LA VILLE D'EU. — L'ÉGLISE NOTRE-DAME. — LES MAUSOLÉES DU COLLÉGE.

Cette ville date de l'antiquité. Elle fut gauloise et compta au nombre des conquêtes romaines. Au moyen-âge, son importance était assez grande, et son faubourg Flamanville touchait presque au Tréport. Ce qui prouve qu'elle était considérable, c'est que Louis XI, pour ne pas être obligé de la céder dans un traité qu'il se proposait de faire avec le roi de la Grande-Bretagne, la fit incendier le 18 juillet 1475. Ce moyen était péremptoire pour que ce dernier ne pût en devenir le possesseur. Elle est la patrie des frères Anguier, sculpteurs d'un grand talent, sous Louis XIII et Louis XIV. La porte Saint-Denis de Paris est l'œuvre de Michel.

L'ÉGLISE NOTRE-DAME.

Ce monument, reconstruit sur un autre plus ancien, date du XIIe siècle. La nef est remarquable, les vitraux sont beaux. Un immense caveau contient les sarcophages des anciens comtes d'Eu. Les reliques de saint Laurent y sont déposées.

MAUSOLÉES DE L'ÉGLISE DU COLLÉGE.

Ces tombeaux, dus au ciseau de Michel Anguier, ont toujours été considérés comme des chefs-d'œuvre. Ils représentent Catherine de Clèves et le duc de Guise le Balafré, son mari, l'un des ducs ligueurs. Une veine noire s'aperçoit dans le visage de la duchesse. Elle est naturelle et serait mieux placée dans celui de son époux pour figurer sa blessure. Cette circonstance est due, soit à l'erreur de l'auteur, soit à la découverte tardive de cette nuance.

LA RENTRÉE DES BATEAUX.

Quand la mer est agitée par la tempête, c'est un beau et terrible spectacle de voir les vagues écumantes bondir comme un coursier indompté en faisant trembler la terre et semblant menacer les cieux. Du bout de la jetée, des gerbes d'eau sont prodigieuses par leur force et leur élévation. Si des embarcations veulent arriver au port, rien peut-il être plus émouvant que d'apercevoir de faibles coquilles s'élancer sur le sommet des flots et descendre dans un précipice où elles pourraient s'engloutir.

Des femmes, des enfants, des mères, dans la stupeur sondent le lointain à travers la brume, pour chercher à découvrir une voile, des signes à eux bien connus. Quelquefois ils réussissent ; et assez souvent, c'est un vain prestige qui s'empare de leurs cœurs. Combien les populations maritimes, en général très-pieuses, sont énergiques et calmes au moment où une grande quantité d'hommes est en danger de périr ; des familles exposées à être plongées dans la misère et la désolation ! On n'entend *relativement* peu de bruit et de sanglots.

« A l'extrémité de la jetée quelques galets
« assez gros peuvent frapper le visage ; il est
« prudent de l'éviter, comme aussi il faut se
« garder de se laisser envelopper par les cordes
« de halage qui vous renverseraient. Si elles cas-
« saient en vous atteignant, le coup serait très-
« grave. »

LECTURES ET VIE INTIME.

Si la pluie et la tempête forcent à rester au domicile, il faut éloigner ses ennuis. Michelet contient de très-belles pages ; surtout celles parlant des phares et de la famille aux bains, auprès de quelques passages excentriques. Bernardin de Saint-Pierre raconte le naufrage de Virginie et la douleur de Paul avec des accents touchants et admirables. Lamartine soupire une poésie inimitable. Chateaubriand peint l'arrivée de la nuit en pleine mer, le couchant du soleil et la prière à bord, en portant l'âme à s'élever vers Dieu. Lord Byron décrit les vues et paysages aperçus par lui en naviguant sur les côtes de la Grèce, en vers scintillant de verve et de génie.

Les soins de la famille, la réunion d'amis et la musique servent aussi à faire oublier un ou deux jours nébuleux.

Quand des intervalles de pluie ou de vent se présentent, en étant bien vêtu et bien chaussé (si le régime médical ne s'y oppose pas), se promener ou s'asseoir quelques instants sur la grève. Le murmure des vagues semble s'emparer de vos pensées et vous donne de douces rêveries, et parfois la mélancolie, cette convalescence des personnes éprouvées par le malheur. Le reflux paraît emporter vos tristesses pour les joindre à celles dont il s'est emparé sur la rive opposée. Dans ces épanchements intimes du cœur on fondera son espoir sur les vertus de l'onde, aujourd'hui si impétueuse, qui, demain, fera resplendir tant de diamants sur sa robe d'azur. La mère songera que son fils, jeune et maladif, acquerra de la santé, des formes viriles et élégantes, un caractère énergique. — La jeune fille craindra l'inconstance de son fiancé en voyant celle qu'elle contemple aller de plage en plage sans jamais s'arrêter ni se fixer; mais elle concevra de l'espérance en pensant qu'elle a retrouvé sa beauté et en apercevant chaque jour le soleil venir se plonger dans l'Océan. Des vieillards et des jeunes gens infirmes ou affaiblis croiront sentir leurs maux se dissiper et leurs forces revenir.

MÉNAGE.

QUELQUES RENSEIGNEMENTS SUR LES ACHATS DES DENRÉES.

La volaille ne peut être grasse à cette époque de l'année, parce qu'elle est jeune, mais elle est tendre.

On reconnaît les œufs anciens en les regardant à la lumière, à travers les doigts ; les bons sont clairs et transparents. D'ailleurs dans cette saison les mauvais sont rares.

Gardez-vous du beurre frais trop jaune ; il est falsifié. La véritable couleur est celle des gants portant ce nom. Celui contenant trop de lait n'est pas assez épuré, il se remarque par de légères cavités comme de grosses épingles.

La crême dite fleurette est la meilleure et la plus chère ; plus facilement on pourrait la mélanger de lait. Celle plus épaisse profite davantage, il en faut moins à l'usage. Aucune espèce ne doit être granuleuse.

La qualité du lait est de n'être ni bleu ni trop jaune.

Le fromage à la crême est préférable ; les autres sont bien inférieurs.

La fraîcheur du poisson se distingue particulièrement au brillant des yeux. Sa robe doit être encore chargée d'une matière visqueuse. Les ouïes sont une marque peu certaine, elles conservent assez longtemps une couleur rose trompeuse. Le rouge est nommé à Paris grondin et la moruette ou petite morue, gabillot. Les sauterelles, crevettes. Les crâbes et les homards, si difficiles à bien connaître, seront achetés par des personnes qui savent les apprécier, à la suite d'une longue habitude.

Le gibier se nourrissant aux environs du Tréport, sur un terrain sec et souvent couvert de plantes aromatiques, devient très-bon. La caille surtout est excellente. A l'exception de la bécassine, dans cette saison, aucun volatile provenant de la prairie n'est friand.

Dieppe. — Em. Delevoye, impr.

www.ingramcontent.com/pod-product-compliance
Lightning Source LLC
Chambersburg PA
CBHW060716050426
42451CB00010B/1467